Inhalt

Informationen zum Gebrauch der Karten

Die Karten sind in vier Kategorien eingeteilt. In diesen wird Ihnen Schritt für Schritt der Umgang mit Ihrem Pferd in alltäglichen Situationen erklärt. Denn manchmal sind es schon Kleinigkeiten, die im Alltag mit dem Pferd nicht beachtet werden, aber zu großen Problemen führen können.
Vom Benehmen in der Stallgasse, über Führübungen und richtiges Longieren bis hin zu den einfachen Grundsätzen, die Sie beim Reiten beachten sollten, greifen die Karten Alltagssituationen auf und liefern Lösungen, wie Sie sie am besten meistern.

Die Karten 1 bis 10 beschäftigen sich mit Themen vom Leckerchen bis zum Koppelgang. Beachten Sie hier schon einfache Regeln, wird das den Alltag mit Ihrem Pferd erleichtern.
Auf der Vorderseite werden Probleme und Ursachen beschrieben, auf der Rückseite erhalten Sie einen Lösungsvorschlag.

Die Karten 11 bis 20 beschäftigen sich mit Ihrer Position am Pferd und zeigen einfache Bodenarbeitsübungen. Auch hier wird viel Wert auf die konsequente Ausführung gelegt.

Von der Karte 21 bis zur Karte 25 werden Themen rund ums Longieren behandelt. Die Karten 26 bis 30 widmen sich schließlich dem Reiten.

Sowohl Karten als auch Booklet sollen Ihnen im täglichen Umgang mit Ihrem Pferd als Hilfe zur Selbsthilfe dienen. Viel Spaß und Erfolg damit.

Schritt für Schritt zum Partner Pferd

Eine harmonische Partnerschaft mit Ihrem Pferd einzugehen, bedeutet nicht etwa, dass Sie Ihrem Pferd vorschreiben, wann es zu atmen hat und wann nicht. Es bedeutet hingegen, dass Ihr Pferd auf Ihre Führungsqualitäten vertrauen kann und Sie dadurch ein Pferd an der Seite haben, auf das auch Sie sich verlassen können. Durch zu viel Dominanz und Härte gegenüber dem Pferd entstehen oft Angst und Misstrauen.

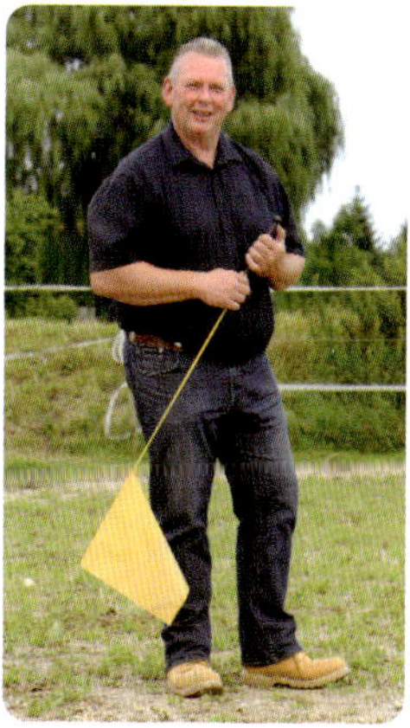

Andererseits sollen Sie Ihr Pferd allerdings auch nicht wie ein kleines Kind verhätscheln und ihm alles durchgehen lassen, was ihm gerade in den Sinn kommt. Es darf nicht tun und lassen, was es will, wie beispielsweise den Kopf ins Gras stecken, während Sie eigentlich auf dem Weg zur Reitstunde mit ihm sind. Ihr Pferd braucht klare Regeln und die müssen Sie ihm vermitteln.

Nur durch eine klare Führung erreichen Sie Vertrauen und ein motiviertes Pferd.

Machen Sie sich Gedanken darüber, was es heißt, ein erzogenes Pferd zu haben. Ein erzogenes Pferd folgt Ihren Anweisungen in der Halle oder auf dem Platz genauso wie beim Führen aus seiner Box oder auf die Koppel. Ganz selbstverständlich, ohne ständiges »Nachfragen«. Für uns heißt Erziehung, einem Lebewesen beizubringen, sich in der Welt sicher zu bewegen und sich zurechtzufinden, was ohne gewisse Regeln nicht funktioniert. Erziehung bedeutet außerdem, in Partnerschaft zu agieren, immer wenn Sie bei Ihrem Pferd sind. Es sind die kleinen Schritte, die zum Ziel führen, wenn sie konsequent und richtig gemacht werden.

Übernehmen Sie Verantwortung

Haben Sie sich ein Pferd gekauft oder hat Ihnen jemand sein Pferd als Reitbeteiligung anvertraut, sind Sie dafür verantwortlich.
Sie müssen dafür sorgen, dass es alles bekommt, was es braucht – seine Grundbedürfnisse also befriedigt sind. Aber damit hört es noch nicht auf. Sie sind auch dafür verantwortlich, dass Ihr Pferd gut erzogen und ausgebildet ist.
Vielleicht hat sich Ihr Pferd in der Halle neulich etwas danebenbenommen und den Reitlehrer umgerannt. »Kommt eben mal vor ...«, sagen Sie sich. Gut, den fünften Hufschmied, den Sie jetzt haben, möchten Sie auch nicht gleich wieder wechseln. Immerhin haben Sie ein großes Schild an die Box Ihres Pferdes gehängt: Vorsicht, bissig! Eigentlich möchten Sie auch mal wieder zu zweit ausreiten und Sie haben schon den Verdacht, dass die Stallkolleginnen sich nur einer Ausrede bedienen, wenn sie wieder mal keine Zeit zum Mitreiten haben. Alles nicht so schlimm?

Mit gut erzogenen Pferden macht Reiten Spaß.

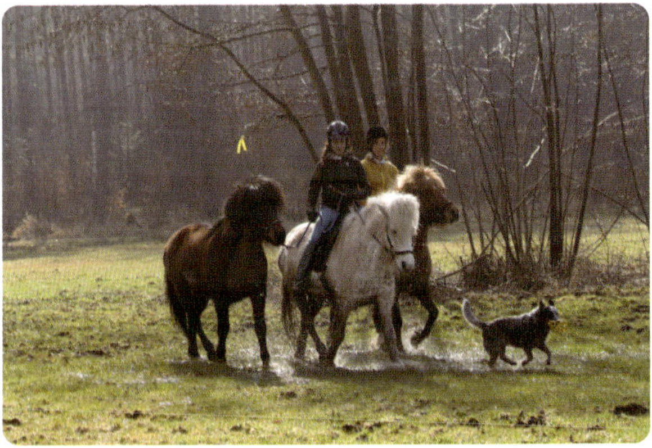

Dann machen Sie sich Folgendes klar: Sie alleine sind dafür verantwortlich, wie sich Ihr Pferd benimmt. Es gilt, nicht nur Unangenehmes zu vermeiden. Ein Pferd ist kein Goldfisch. Gerät ein Pferd in Panik oder ist es unerzogen, hat das oft gefährliche Folgen – für Pferd und Mensch. Eine gute Erziehung und die nötige Ausbildung helfen, Gefahrensituationen zu vermeiden.

Die Faktoren Zeit und Geduld

Geduld gilt unter Menschen als Tugend. Im Umgang mit Pferden ist sie hingegen Pflicht. Bedenken Sie, dass Ihr Pferd im Hier und Jetzt lebt. Sie haben noch einen Termin oder der Reitlehrer wartet schon? Sie werden ungeduldig und immer unruhiger. Soll ich Ihnen etwas sagen? Ihr Pferd interessiert es nicht die Bohne, ob Sie Zeit haben oder nicht. Für das Pferd hat die momentane Situation, in der es sich befindet, oberste Priorität. Egal, ob es sich vor dem Fliegenspray fürchtet, Gras frisst oder damit beschäftigt ist, Sie nicht aufsteigen zu lassen. Das Hier und Jetzt sollte auch Ihre Priorität sein. Wenn Sie sich mit Ihrem Pferd beschäftigen, sollte auch für Sie gelten: Das hier hat jetzt vor allem anderen Vorrang und ich habe alle Zeit der Welt – egal, ob es ein echtes Problem gibt oder nur kleine Unstimmigkeiten.

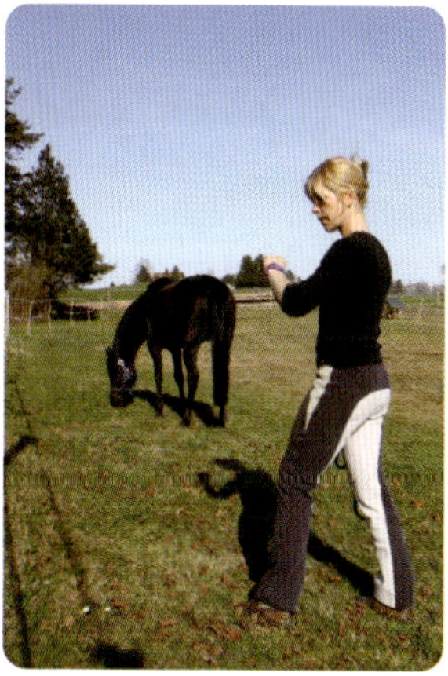

Ihr Pferd interessiert es nicht, ob Sie unter Zeitdruck stehen.

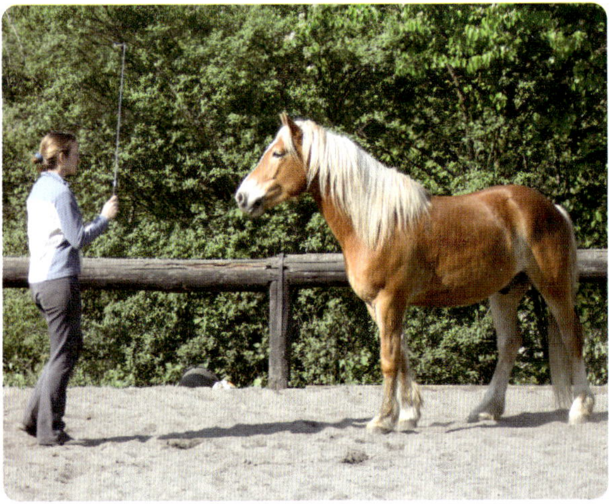

Fordern Sie Aufmerksamkeit vom Pferd, konzentrieren Sie sich jedoch selbst auch auf das Pferd und seine Reaktionen.

Es fängt bei Ihrer Einstellung an. Man sagt Frauen nach, Sie seien multitaskingfähig und Männern, sie könnten zumindest Fußball schauen und Bier trinken zur selben Zeit.
Aber im Ernst: Wenn Sie mit Ihrem Pferd arbeiten und diese Arbeit ernsthaft betreiben wollen, schalten Sie Ihr Handy ab. Vergessen Sie, dass Ihnen die Stallkollegen zuschauen, und konzentrieren Sie sich auf Ihr Pferd. Andernfalls sind Sie nur halbherzig bei der Sache. Von Ihrem Pferd erwarten Sie, dass es zuhört – das Pferd darf das Gleiche von Ihnen erwarten.

Grenzen und Regeln

Das Pferd rempelt uns an, dreht uns den Hintern zu, steht auf unserem Fuß; es bringt uns dazu, frühzeitig und ungewollt seinen Rücken zu verlassen oder macht uns unmissverständlich klar, dass es eigene Ideen von Zusammenarbeit hat, z.B. indem es gezielt nach uns tritt: Spätestens dann sollten wir überlegen, was da schiefläuft und was wir möglicherweise ändern sollten.

Für einen fairen Umgang mit dem Pferd und den Aufbau eines gegenseitigen Vertrauensverhältnisses sind weder rohe Gewalt, noch gar keine Erziehung hilfreich.

Damit Pferd und Reiter sicher durchs Leben kommen, muss der Reiter Grenzen setzen. Grenzen zu setzen und Regeln aufzustellen, darf jedoch nicht erst anfangen, wenn das sonst so liebe 600 kg Pferd beschließt, beim Ausreiten eigenständig seinen Weg zu wählen oder seinem Fluchttrieb nachzugeben, während der Reiter noch hinten dranhängt oder oben draufsitzt. Wer nicht schon auf Kleinigkeiten achtet, die im täglichen Umgang wichtig sind, wird irgendwann an einen Punkt kommen, der ihn in seiner Hilflosigkeit überreagieren lässt. Dann beginnt unschönes Gezerre oder Geschrei. Vielleicht stutzt das Pferd für einen Moment und geht brav neben einem, aber verstanden, was von ihm erwartet wird, hat es sicher nicht.

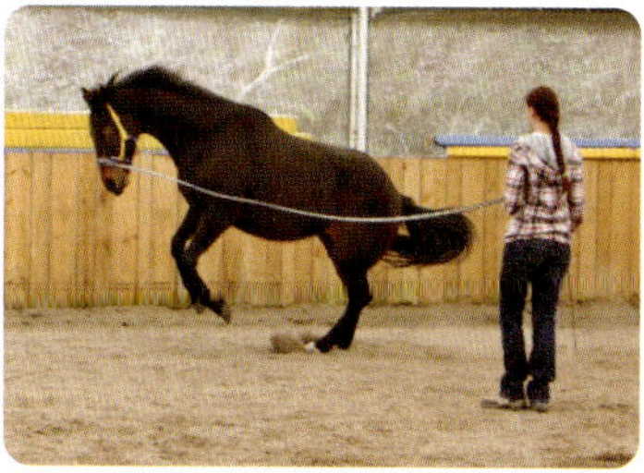

Unkontrolliertes Verhalten kann unangenehme oder sogar gefährliche Folgen haben.

Vertrauen in die Führungsqualitäten ist weder mit großzügiger Nachgiebigkeit, noch mit harten Strafmaßnahmen zu erreichen.

Gerät ein Pferd an so einen wankelmütigen Menschen, ist es gezwungen, selber zu entscheiden. Dann wird es auch nicht lange nachfragen. Stuft dieses Pferd im Parcours den Sprung als »nicht überwindbar« ein und vertraut seinem Reiter nicht, wird es einen Teufel tun und auf ihn hören, sondern entscheiden, dass es diese Hürde nicht nehmen wird, da ihm sein Überleben wichtiger ist.

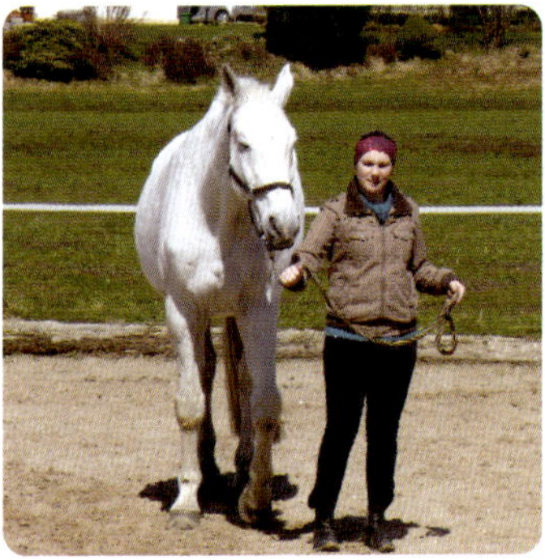

Setzen Sie klare Grenzen und Regeln.

Wie in jeder guten Beziehung steht das Pferd mit uns im Dialog, auch dann, wenn die Führungsfrage (zu unseren Gunsten) geklärt ist. Schließlich könnten wir unsere Fähigkeit, Raubtiere zu erkennen, plötzlich von heute auf morgen verloren haben. Das kluge Pferd sorgt vor und »fragt nach«, anstatt irgendwann als Raubtierfutter zu enden oder gar von einer dieser unheimlichen Plastiktüten am Wegesrand gefressen zu werden.
Derjenige, der den anderen bewegt, führt. Bei Menschen wie bei Pferden. Ganz einfach ist es zum Beispiel darauf zu achten, wer das Tempo bestimmt. Gehen Sie Ihr Tempo oder hat das Pferd es (oft ganz unbemerkt) geschafft, dass wir uns seinem Tempo anpassen? Sicher ist: Das Pferd weiß, wer das Tempo bestimmt.
Klare Grenzen und Regeln, die von beiden Seiten befolgt werden, schaffen Sicherheit; damit wird eine vertrauensvolle Beziehung zwischen Mensch und Pferd möglich.
Lassen Sie Regeln und Grenzen im Leben Ihres Pferdes Alltag werden. Denn ohne sie geht es nicht.

Bestrafung

»Strafe« sollte prinzipiell nur dazu dienen, ein vom Menschen nicht erwünschtes Verhalten zu beenden. Es geht darum, dem Pferd unerwünschtes Verhalten »unbequem« zu machen. Leider assoziieren wir jedoch häufig Gewalt damit. Natürlich soll das Pferd Strafe als emotional unangenehm begreifen. Ist Strafe jedoch mit Schmerzen verbunden, kann Angst davor entstehen. Das wollen wir natürlich nicht; das Pferd soll nicht aus Angst vor Strafe reagieren, sondern es soll sich prinzipiell im Umgang mit dem Menschen und beim Reiten wohlfühlen (= sicher und gut aufgehoben fühlen). Das tut es, wenn Sie ihm klare Anweisungen geben und konsequent bei einmal getroffenen Entscheidungen bleiben.

Haben Sie z. B. ein Pferd, das seit Kurzem versucht, seinen Kopf während des Spaziergangs ins Gras zu stecken, können ein ernst gemeintes »Nein« in Verbindung mit einem Ruck am Halfter manchmal schon Wunder wirken. Aber nur, wenn Sie das wirklich konsequent durchziehen: Wenn Ihr Pferd nicht grasen darf, während Sie zur Koppel gehen wollen, darf es nicht grasen. Punkt. Keine Diskussion!

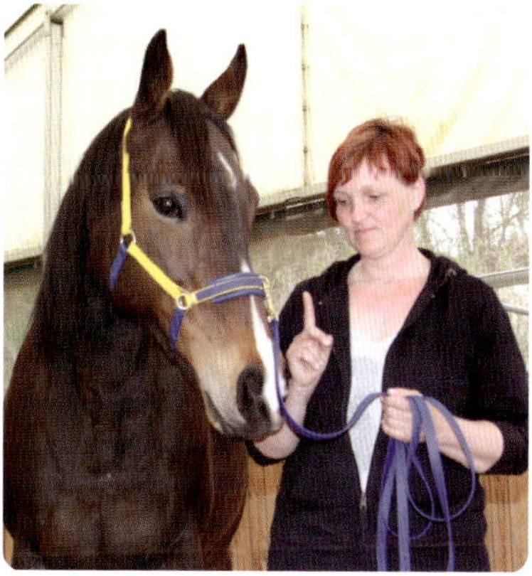

Unterbinden Sie unerwünschtes Verhalten am besten schon im Ansatz.

Sie müssen sich trauen, »Nein« zu Ihrem Pferd zu sagen, und auf diesem »Nein« dann auch konsequent bestehen. Haben Sie bitte keine Bedenken, Ihrem Pferd in so einem Fall eine klare und deutliche Ansage zu machen. Sie haben die Führungsrolle übernommen und sind somit auch für das Benehmen Ihres Pferdes verantwortlich. Dafür wird Sie Ihr Pferd nicht weniger mögen. Eine klar verständliche Regel umzusetzen, und da gehört »Nein sagen« nun mal dazu, hilft Ihrem Pferd, sich in unserer Welt zurechtzufinden. So kann manches Problem schon im Ansatz vermieden werden.

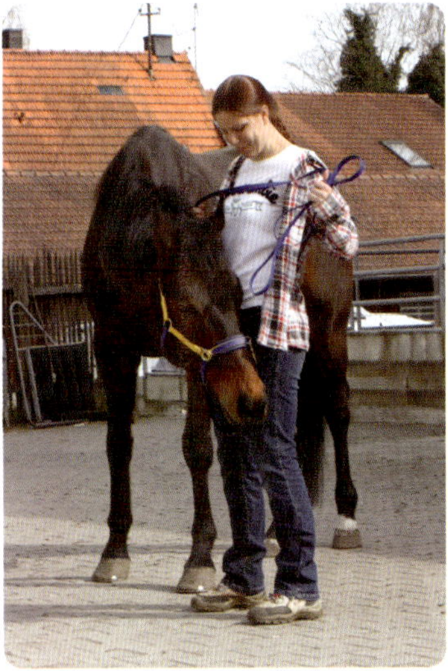

Sie sollten entscheiden, was Ihr Pferd darf und was nicht, und nicht Ihr Pferd.

Strafen Sie Ihr Pferd aber nie ungerecht. Lassen Sie es nicht fünf Mal anhalten und grasen und beim sechsten Mal werden Sie dann böse. Am besten merken Sie rechtzeitig, was Ihr Pferd vorhat und unterbinden dieses Verhalten im Ansatz – bevor es ausgeführt wird.

Ihre Individualzone

Jeder Mensch hat eine Individualzone um sich herum aufgebaut. Dringt jemand in diesen Bereich ein, der Ihnen nicht vertraut ist, empfinden Sie das in der Regel als unangenehm, besonders, wenn dieser fremde Mensch zu nahe bei Ihnen steht oder Sie sogar berührt. Das ist ein natürlicher Schutzmechanismus.

Bei Pferden verhalten wir uns anders, auch bei fremden Pferden. Hier haben wir häufig überhaupt kein unangenehmes Gefühl, es gefällt uns sogar. Wir lieben es, wenn sie ihr weiches Maul in unseren Nacken drücken und vorsichtig mit ihren Lippen unser Gesicht erkunden. Sie dürfen so nahe bei uns stehen, das darf auf Dauer nicht mal unser Partner. Wir genießen die Nähe unserer Pferde, erlauben ihnen dadurch aber etwas, was die Grenzen zwischen sanfter sozialer Kontaktaufnahme und Rangfolgenbestimmung häufig verschwimmen lässt.

Pferde testen, auch auf diesem Weg, wie weit sie gehen können und dürfen. Wir gestatten Pferden oft, sehr nahe bei uns zu stehen. Solange sie ruhig und entspannt sind, stellt das kein Problem dar, möchten sie aber nicht stehen bleiben und rempeln sie uns bei jeder Gelegenheit an, werden uns bald die Unterschiede zwischen 60 und 600 kg bewusst.

Setzen Sie klare Grenzen. Was darf Ihr Pferd? Wie nahe darf es Ihnen in welcher Situation kommen?

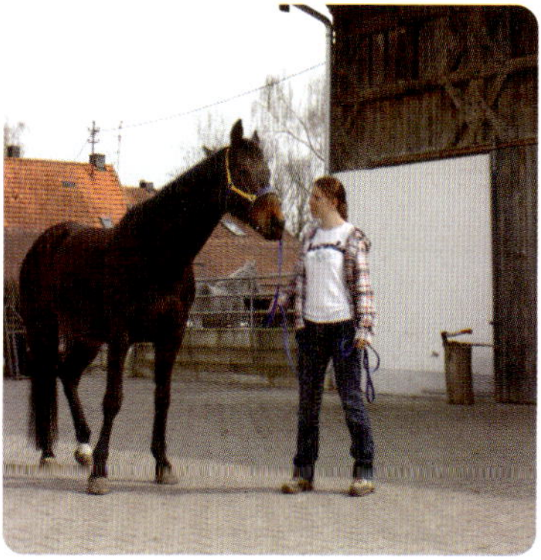

Stellen Sie den Abstand her, der Ihnen angenehm ist.

Angst und Unsicherheit

Wenn Sie bei Ihrem Pferd sind, sorgen Sie sich nicht permanent darum, was alles Schreckliches passieren könnte. Klar, es könnte ..., aber Sie könnten genauso gut beim Verlassen des Hauses von einem Dachziegel erschlagen werden. Lassen Sie nicht zu, dass sich Ihr Gehirn ständig das absolute Chaos vorstellt. Haben Sie schon mal was von einer sich selbst erfüllenden Prophezeiung gehört? Also. Natürlich ist Ihnen nicht wohl, selbst wenn Sie sich keine Schreckens-Szenarien ausdenken, haben Sie Angst. Diese kann ich Ihnen auf diesem Wege leider auch nicht nehmen. Was ich Ihnen aber raten kann, ist, diese Angst anzunehmen. Sie vor dem Pferd verbergen zu wollen, macht keinen Sinn. Es wäre, als wollten Sie einem Kind weismachen, die Schokolade in Ihrer Hand sei nur was für Erwachsene. Das Kind durchschaut Sie genauso wie Ihr Pferd. Ihr Pferd vielleicht sogar noch besser. Sie haben Angst? Dann ist das eben so. Stellen Sie sich der Angst. Es nutzt nichts, Angst zu ignorieren, aber machen Sie sie auch nicht zum alles beherrschenden Thema.

Wenn Sie sich Ihre Angst eingestehen und sich damit auseinandersetzen, ist es möglich, ein Problem anzugehen und eine Lösung zu finden. Auch kleine Schritte führen zum Erfolg. Verlaufen diese für Sie positiv, ermutigt Sie das, weiterzumachen.

Stellen Sie sich nicht vor, was alles passieren könnte. Konzentrieren Sie sich auf Ihr Tun und freuen Sie sich auch an kleinen Fortschritten.

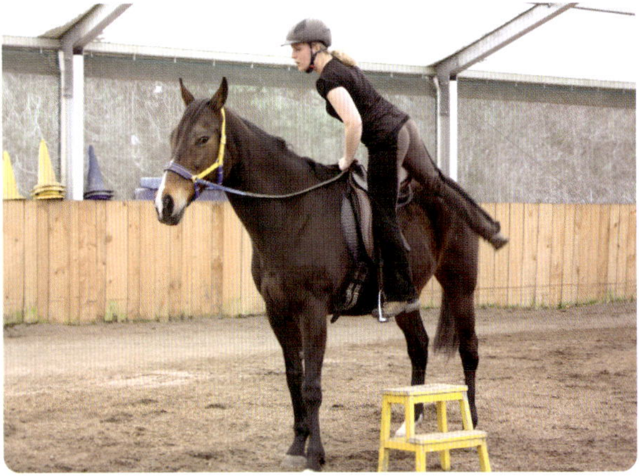

Lassen Sie nicht zu, dass die Angst Ihr Denken blockiert.
Wollen Sie mit Ihrem Pferd in die Halle, haben Sie ein Ziel. Lernen Sie, Anführer zu sein und nicht der Hampelmann an der Seite Ihres Pferdes. Hampelmännern vertraut man nicht. Auch wenn Ihnen Ihr Herz in die Hose rutscht, gehen Sie Ihren Weg.

Tun Sie etwas und bleiben Sie dran!

Sie entscheiden, wie weit und wie gut Sie mit Ihrem Pferd klarkommen.
Wenn Sie mehr mit Ihrem Pferd erreichen und nicht nur sicher vom Stall in die Halle kommen möchten, müssen Sie etwas dafür tun. Ihr Pferd und Ihr Seelenheil werden es Ihnen danken. Sie träumen etwa davon, die Turnierplätze zu erobern, aber Ihr Pferd erobert sich ständig seine Position? Lernen Sie, es zu führen.
Stellen Sie die ultimative Vertrauensfrage: Folgt mir mein Pferd oder beschließt es, seine eigenen Wege zu gehen?

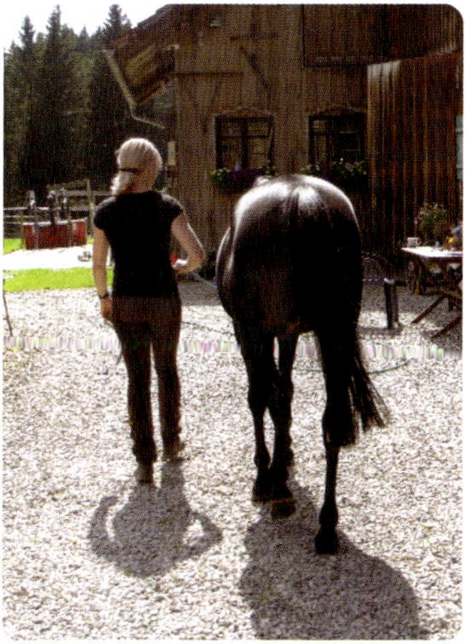

Seien Sie konsequent und bleiben Sie dran.

Der Wille, etwas zu tun, um Ihre Beziehung mit Ihrem Pferd zu verbessern, ist lobenswert, reicht aber nicht aus. Seien Sie mit sich selber ebenso konsequent wie mit Ihrem Pferd. Beginnen Sie heute und machen Sie weiter. Das Problem ist oft, dass nach ein paar konsequenten Tagen der Schlendrian wieder Einzug hält. Versuchen Sie, Ihre anfängliche Motivation durchzuhalten, bis alles zu einer Selbstverständlichkeit wird. Für Ihr Pferd ist nichts missverständlicher, als dass es heute Führung erfährt und morgen wieder tun und lassen darf, was es will.

Disziplin

Heutzutage hat dieses Wort einen eher altmodischen, unangenehmen und autoritären Beigeschmack. Es erinnert an Kasernenton, Drill und Härte. Dabei ist Disziplin eine der wichtigsten Voraussetzungen, um mit Pferden zu arbeiten. Sie meint nichts anderes, als Konsequenz anzuwenden. Disziplin gilt vor allem für Sie. Sind Sie diszipliniert, wird sich Ihr Pferd besser in Ihrer Welt zurechtfinden.

Disziplin bedeutet hauptsächlich Konzentration auf sich selbst und das Pferd sowie Konsequenz in den Handlungen – egal ob im Sattel oder vom Boden aus.

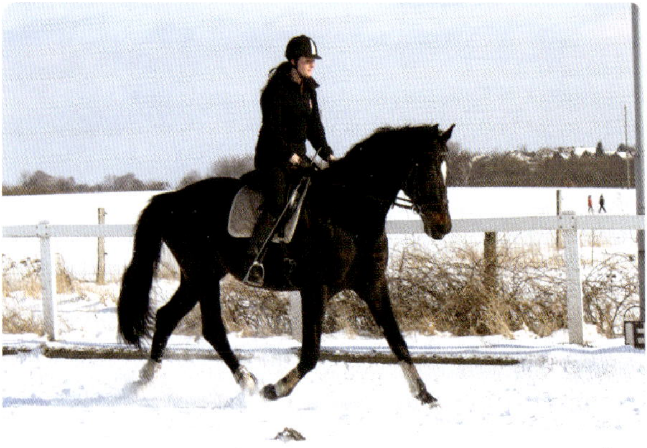

Disziplin bedeutet, Ihrem Pferd bestimmte Verhaltensmuster oder Lektionen konsequent beizubringen – auch wenn Sie mal keine Lust dazu haben. »Ach, heute ist es mir echt zu anstrengend, ständig konsequent zu sein und von meinem Pferd zu verlangen, dass es ruhig stehen bleibt.« – Der Tag war stressig, der Chef unfair, es gab Ärger mit den Nachbarn und so weiter, also lassen Sie heute mal fünfe gerade sein. Sie sind gut gelaunt? Da bekommt Ihr Pferd doch auch mal ein paar Leckerchen am Anbindeplatz serviert. Haben Sie beispielsweise einen fünfjährigen pubertierenden Wallach, der eigentlich noch einen Schnuller braucht, und sowieso nichts vor seiner Kaulust sicher ist … genau das Richtige. Tja. Was wird Ihr Pferd denn denken? »Mal darf ich's, mal darf ich's nicht. Je nachdem, was die Madame oder der Herr gerade für eine Laune hat.«

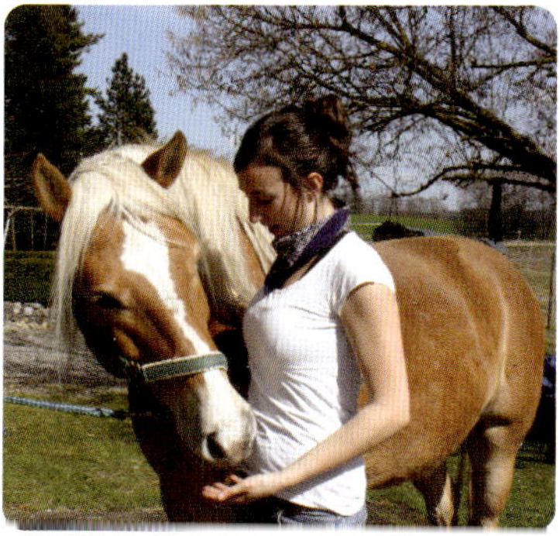

Disziplin bedeutet, aufgestellte Regeln einzuhalten. Ausnahmen müssen Ausnahmen bleiben.

Es nimmt Sie nicht mehr ernst. Und was Sie in der Stallgasse schon vermasselt haben, wird sich wie ein roter Faden durch den gesamten Umgang mit Ihrem Pferd ziehen. Seien Sie immer diszipliniert, wenn Sie etwas von Ihrem Pferd fordern. Fahren Sie eine klare Linie. So werden Sie vorhersehbar für Ihr Pferd. Das hilft Ihrem Pferd und Ihnen selbst, Gewohnheiten auszubilden, die in Routine übergehen und somit selbstverständlich werden.

Pferde sind Bewegungs- und Fluchttiere

Pferde sind Fluchttiere. So haben sie über 50 Millionen Jahre überlebt. Sie lernen aus gemachten Erfahrungen. Jedes Mal, wenn sie bei einer vermeintlich gefährlichen Situation mit dem Leben davongekommen sind, hat sich dieses Verhalten besonders gut in das Gehirn eingegraben.

Das hat sich bis heute nicht geändert, was aus unserer Sicht manchmal sehr bedauerlich ist, da es uns das Leben mit unseren Vierbeinern nicht immer unbedingt leicht macht.

Nehmen wir zum Beispiel eine Situation, die fürs Pferd oft beängstigend ist: das Verladen. Enge Räume ohne Fluchtweg sind für das von Natur aus »klaustrophobisch« veranlagte Fluchttier Pferd ein Horror; nun soll es in diesen engen Hänger hineingehen. Die Grundangst, nicht flüchten zu können, wird hier bestens bedient.

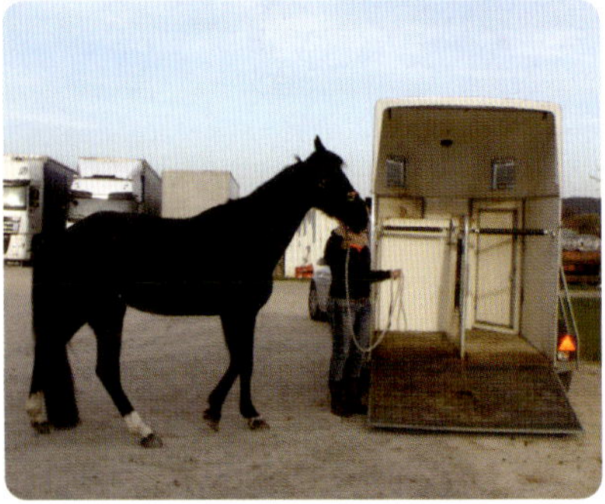

Bei so manchem Fahrstil kann ich dann auch durchaus nachvollziehen, dass ein Pferd sich entscheidet, nicht in den Hänger zu gehen. Ihr Pferd hat gelernt: »Wenn ich vor dem Hänger stehen bleibe, muss ich da nicht rein, egal, was ich dann zu ertragen habe. Und wenn ich mich dann losreiße, habe ich mich aus dieser Gefahr erst einmal befreit. Und überlebt.« Für uns manchmal nicht nachvollziehbar, für das Pferd ein ganz logisches Verhalten.

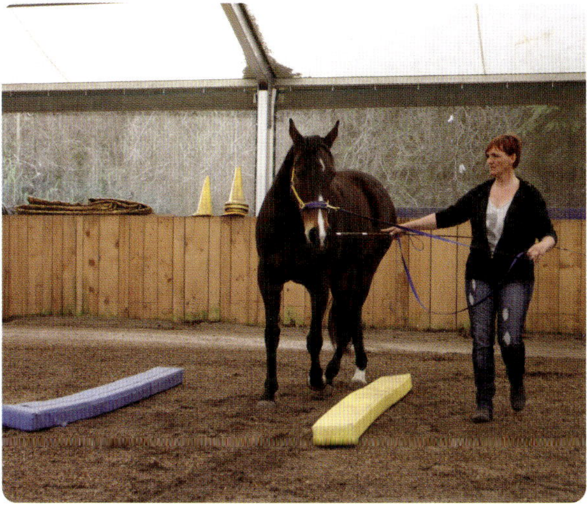

Ihre Führungsqualitäten tragen dazu bei, inwieweit Ihnen Ihr Pferd vertraut.

Verhaltensweisen abzustellen, die von Erfolg gekrönt wurden, ist sehr schwierig. Je öfter Ihr Pferd mit seiner Taktik durchkommt, umso mehr festigt sich dieses Verhalten. Dafür sorgt das Angstzentrum im Gehirn. Erfahrungen, die mit Angst verbunden sind, werden in den sogenannten Mandelkernen abgespeichert. Hier sind sie schnell abrufbar, falls diese oder eine ähnliche Situation wieder eintreten sollte. Je öfter das Pferd mit seiner Fluchttaktik Erfolg hat, umso besser und fester wird sie im Gehirn verankert. Einen fest verankerten Fluchtreflex nun zu stoppen, ist sehr schwer.

Gewohnheit gibt Sicherheit

Geben Sie Ihrem Pferd einen Rahmen, in dem es sich sicher fühlen kann. Pferde sind, genau wie Menschen, Gewohnheitstiere. Täglich wiederholte Abläufe, wie etwa das Geführt-Werden von links, werden automatisiert. Ihr Pferd fühlt sich innerhalb dieser gelernten und automatisierten Verhaltensmuster sicher. Es hat erfahren, dass das Geführt-Werden von links keine negativen Auswirkungen hat und empfindet es als normal. Dieser Ablauf wurde abgespeichert und es wird nicht mehr darüber nachgedacht. Wechseln Sie jetzt die Führseite, kann die Welt plötzlich ganz anders aussehen. Ihr Pferd und Sie sind es nicht gewohnt, von rechts zu führen bzw. geführt zu werden. Der sonst so reibungslose Bewegungsablauf von links gestaltet sich rechts auf einmal zackelig und zögernd.

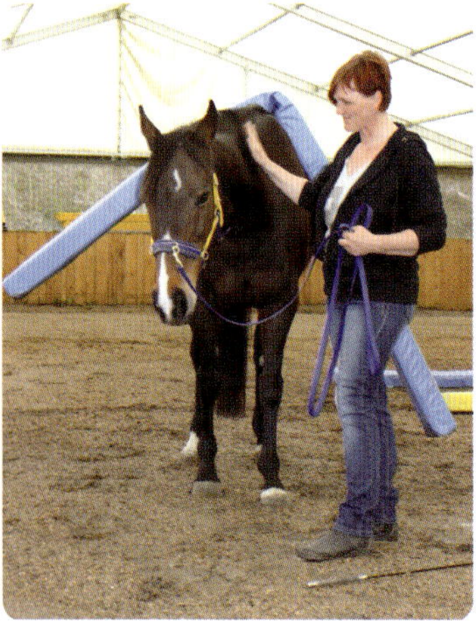

Lassen Sie Unbekanntes zur Gewohnheit werden.

Durch ständiges Wiederholen wird eine Routine geschaffen, die Sicherheit vermittelt.

Sich innerhalb gewohnter Abläufe sicher zu fühlen, ist bei Mensch wie Pferd sehr stark ausgeprägt.

Wurde ein Pferd über Jahre zu eng (Rollkur) geritten, hat es sich oft mehr oder weniger damit arrangiert und abgefunden. Es hat gelernt, sich einer Tortur zu fügen. Ein solches Pferd zu korrigieren und ihm beizubringen, wie es sich anatomisch richtig bewegen soll und darf, dauert oft Monate, falls es überhaupt jemals wieder zu ändern ist.

Ein Pferd fühlt sich mit seinem gewohnten Verhalten und in seiner vertrauten Umgebung sicher.
Wir können das nutzen, müssen uns aber genau überlegen, was wir unserem Pferd täglich beibringen und zur Gewohnheit werden lassen.

Fehler vermeiden

Fehler, die vermieden werden, müssen später nicht mühsam korrigiert werden.
Versuchen Sie, mit Ihrem Pferd so zu arbeiten, dass es alles richtig machen darf und gar nicht die Gelegenheit hat, Fehler zu machen, die Sie

Belohnen Sie Ihr Pferd, wenn es das gewünschte Verhalten zeigt.

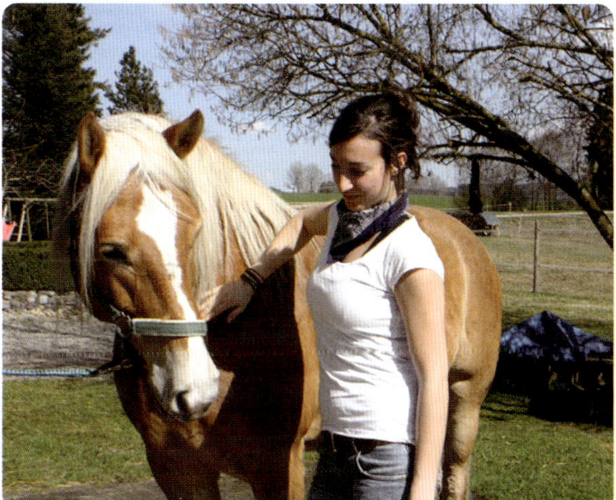

dann mühsam korrigieren müssen. Das wäre natürlich der Idealfall. Da wir alle nur Menschen sind und Fehler eben passieren, ist es zumindest ratsam, Fehler zu bemerken und sofort zu korrigieren.

Oft ist es so, dass der Fehler aus Ihrer Sicht ein Fehler ist, nicht aber aus der Sicht des Pferdes. Für das Pferd ist es eine natürliche Reaktion auf aktuelle Anforderungen oder Situationen.

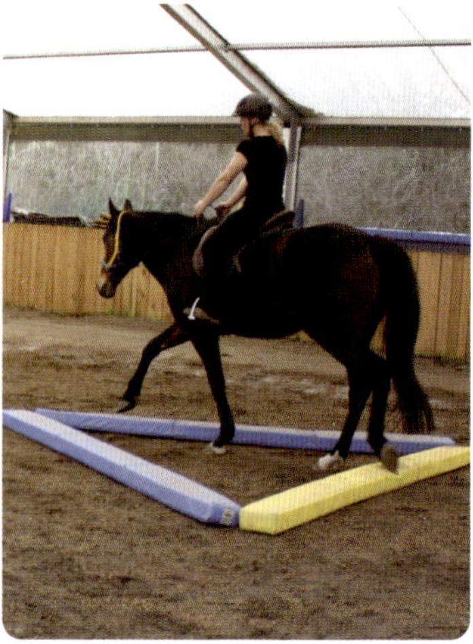

Arbeiten Sie nach, und schaffen Sie für Ihr Pferd die Möglichkeit, die geforderten Aufgaben richtig zu machen.

Ein Beispiel zum Thema Longieren: Ein junges Pferd wird eventuell beim ersten Longieren versuchen, auszubrechen und davonzugaloppieren. Das kann man ihm ja eigentlich auch nicht übel nehmen ... Da steht ein Mensch mit einer Peitsche in der Mitte und unser Jungpferd soll im Kreis laufen. Da das sehr anstrengend für ein junges Pferd ist, versucht es, sich zu entziehen. Hat es nun die Weite der ganzen Halle zur Verfügung, ist diese Versuchung besonders groß. Gelegenheit macht Diebe. Das Problem ist, dass Pferde Meideverhalten, welches bei unangenehmen Situationen zum Erfolg geführt hat, besonders schnell lernen und sich gut einprägen. Versuchen Sie, das zu verhindern und nehmen Sie Ihrem Pferd die Möglichkeit, Fehler zu machen. Gehen Sie in eine Longierhalle oder grenzen Sie die Halle ab, um einen Fluchtversuch zu verhindern.

Sicherheit schafft Vertrauen

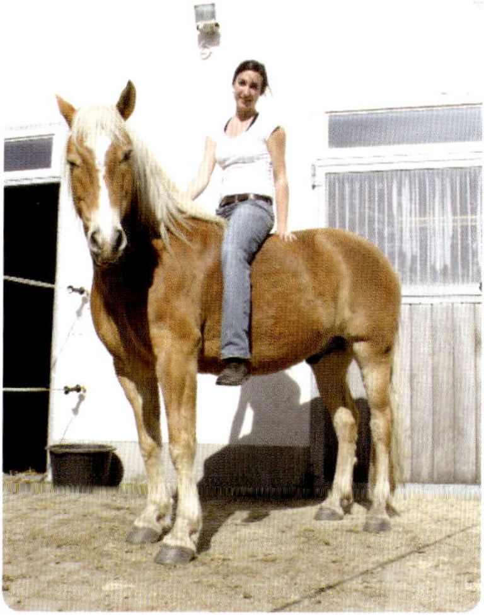

Angst ist gut und schnell abrufbar. Da müsste der logische Schluss sein, dass Pferde am effektivsten lernen, wenn sie Angst haben. Sollten wir uns das nicht im Training zunutze machen? Nein, natürlich nicht. Lernen unter Angst, also immer mit der Androhung »Wenn du das nicht tust, dann …« funktioniert. Keine Frage. Hat das Pferd aber die Möglichkeit, aus diesem Zwang auszubrechen, wird es das tun. Dann, wenn die Überlebensinstinkte ins Spiel kommen.

Hat das Pferd extreme Angst, sich in einen engen Hänger verladen zu lassen oder ein Hindernis zu überwinden, ist diese Angst oft größer, als die Angst vor den Konsequenzen, die es eventuell zu befürchten hat. Es wird sich dann weder verladen lassen, noch über das Hindernis springen.

Ein »Nein« muss natürlich auch mal sein, um dem Pferd begreiflich zu machen, was es darf und was es nicht darf. Es ist auch nötig, dem Pferd zu erklären, dass ein bestimmtes Verhalten eine negative Konsequenz hat. Aber wenn wir immer nur Verhalten beenden würden und zudem dem Pferd nur erklären würden, was es alles nicht darf, wäre der Lernerfolg bei unserem Pferd sehr gering. Gut, dass es noch eine andere Art des Lernens gibt. Das positive Lernen. Positives Lernen wird in anderen

Zentren des Gehirns ausgeführt, als das Lernen unter ständigem Verbieten oder etwa unter Angst. Sich führen zu lassen, verschafft dem Pferd ein gutes Gefühl und die Bereitschaft, neue Aufgaben zu lernen, steigt. Es reduziert die Alarmbereitschaft und das Pferd spart somit auch Energie.
Ihr Pferd bekommt ein Gefühl von Vertrauen, und ich bin mir sicher, auch Sie können nachvollziehen, dass das angenehm ist.

Bevor ein Pferd einem Menschen vertrauen kann, muss es sich in seiner Nähe sicher fühlen.

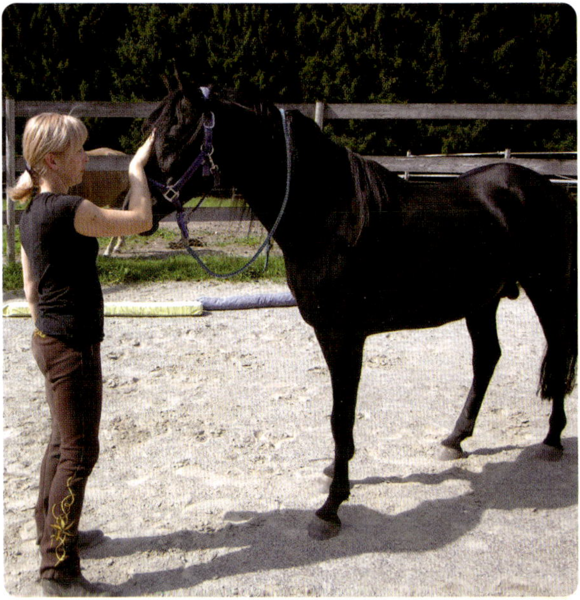

Die Gewissheit, sich bei Ihnen sicher zu fühlen und sich auf Sie verlassen zu können, ist eine größere Motivation und Belohnung für Ihr Pferd, als jedes Leckerchen, das Sie ihm zustecken.

Zwei Augen – zwei Seiten

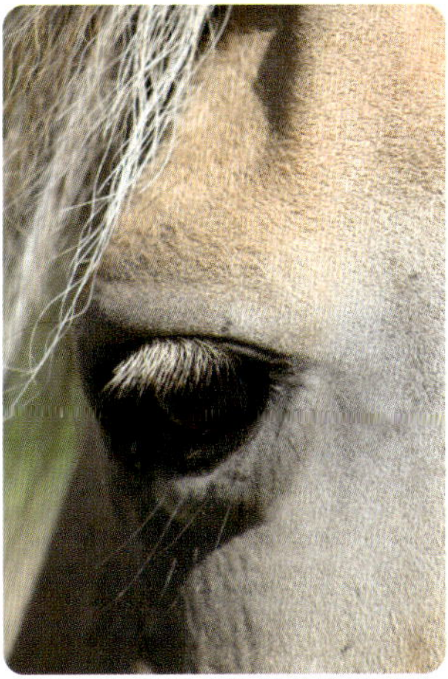

Das Pferd nimmt seine Umgebung anders wahr als der Mensch.

Sie kennen das? Beim Ausreiten kommen Sie an einer höchst gefährlichen Mülltonne am Wegesrand vorbei. Zunächst zögert Ihr Pferd, geht dann aber brav weiter. Die Mülltonne steht am Ende Ihres Ausritts immer noch da. Wieder wird Ihr Pferd skeptisch und möchte zunächst nicht daran vorbeigehen. Mein Gott, denken Sie, warum jetzt das Theater noch einmal?

Ihr Pferd sieht und nimmt die Welt anders wahr, als Sie es tun. Pferde sind Fluchttiere. Ein typisches Merkmal von Beutetieren ist es, dass sie die Augen seitlich angeordnet haben. Anders als bei Raubtieren stehen diese weiter auseinander. Der Vorteil ist, dass Pferde einen guten Rundumblick haben. Der Nachteil ist, dass Pferde diese Informationen, die sie aus den einzelnen Augen ins Gehirn projizieren, schlecht miteinander verknüpfen können. Sieht Ihr Pferd die Mülltonne mit dem linken Auge, wird vorwiegend die rechte Gehirnhälfte darüber informiert. Die Mülltonne wird abgespeichert und im besten Fall als ungefährlich eingestuft. Auf dem Rückweg sieht Ihr Pferd die Mülltonne mit dem rechten Auge. Da die Information aber anfangs hauptsächlich nur vom linken Auge in die rechte Gehirnhälfte abgespeichert wurde, ist die linke Hälfte diesbezüglich so gut wie ahnungslos. Das heißt im Klartext: Ihr Pferd sieht die Mülltonne nun mit dem rechten Auge zum ersten Mal und muss sie erst als gefährlich oder ungefährlich einschätzen.

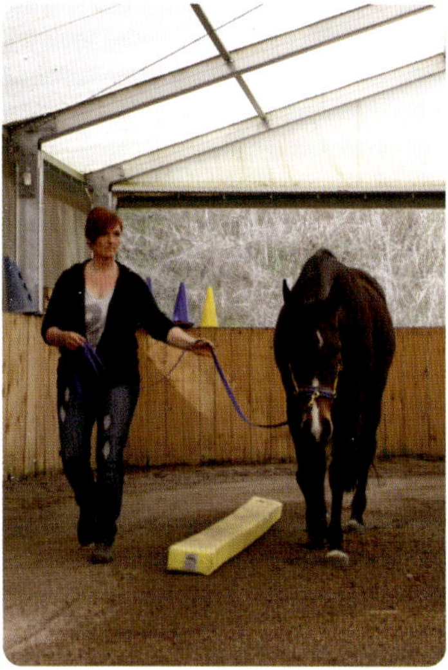

Ein Pferd rechts zu führen, ist in den meisten Fällen ungewohnt – für Mensch und Pferd.

Hinzu kommt, dass die Kommunikation zwischen den Gehirnhälften beim Pferd, die vom sogenannten »Balken« übertragen wird, im Gegensatz zu den Vorgängen beim Menschen, recht dürftig ist.

Ähnlich ist es mit Berührungen. Lernt Ihr Pferd, auf Druck links zu weichen, heißt das nicht automatisch, dass es das von der rechten Seite auch kann.

Nehmen wir mal das Führen als Beispiel. Die meisten Pferde sind es gewohnt, von der linken Seite geführt zu werden. Führen Sie Ihr Pferd von rechts, sieht das oft nicht nur zackelig und unsicher aus, es fühlt sich auch so an. Darum: Egal, was Sie Ihrem Pferd beibringen wollen, tun Sie es von beiden Seiten.

Pferde sehen anders als Menschen. Außerdem hören und riechen sie auch besser. Sie verarbeiten so die Reize, Eindrücke und Gerüche aus ihrer Umwelt auf eine uns nicht bekannte Weise. In diese Sinneswelt der Pferde werden wir uns wohl nie ganz hineinversetzen können. Wir sollten uns aber bewusst machen, dass ein Pferd die Welt anders wahrnimmt und dementsprechend auch anders darauf reagiert.

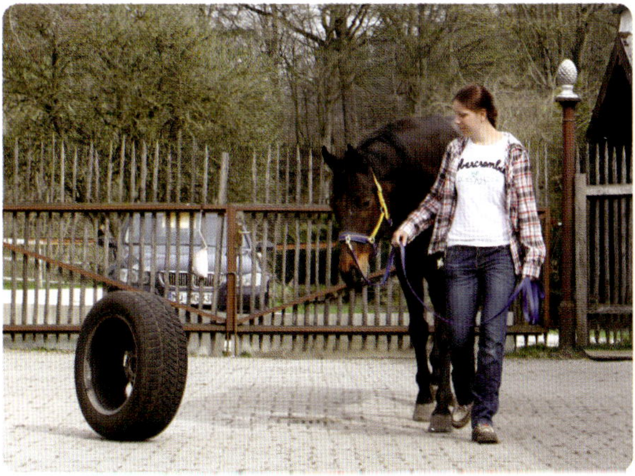

Auch wenn Ihr Pferd einen Gegenstand mit dem linken Auge gesehen hat, scheint ihm der Gegenstand, wenn er ihn mit dem rechten Auge betrachtet, völlig neu zu sein.

Erwartungen

An Pferde werden hohe Erwartungen gestellt und sie müssen oft viele Rollen ausfüllen. Von einem Springpferd erwarten wir, dass es springt, ein Rennpferd muss schnell sein.
Die Rolle als Freizeitpartner dürfte allerdings die anspruchsvollste sein. Was muss Ihr Pferd nicht alles können?
Zudem haben wir hohe emotionale Erwartungen ans Pferd und sein Verhalten uns gegenuber wird oft so interpretiert, wie es uns gerade in den Kram passt bzw. so, wie wir es sehen wollen. Sowohl in negativer als auch in positiver Hinsicht.

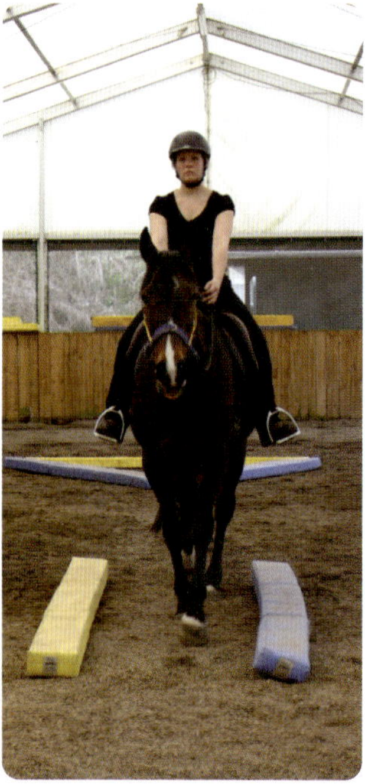

Damit Pferde unsere Erwartungen erfüllen können, erfordert es ein pferdegerechtes Training.

Macht es artig, was wir von ihm verlangen, schenkt es uns Vertrauen, dann schlägt unser Herz höher und wir sind zufrieden. Macht es das nicht, können wir oft zornig und ungerecht werden. Pferde wollen uns nicht ärgern. Sie agieren innerhalb ihres natürlichen Verhaltensmusters. Sie freuen sich nicht, wenn wir uns ärgern, etwa, weil der Sprung übers Hindernis heute nicht geklappt hat.

Auf der einen Seite wird die 10-jährige Stute wie eine kleine Prinzessin behandelt, die heute halt mal nicht stillstehen mag, auf der anderen Seite bekommt sie den geballten Zorn zu spüren, wenn sie sich weigert, in den Hänger zu gehen.

Alles hat seine Zeit …

Ich will Ihnen keineswegs das Kuscheln mit Ihrem Pferd verbieten. Im Gegenteil, Pferde genießen es, an bestimmten Stellen gekrault zu werden. Berührungen können durchaus etwas Beruhigendes haben und Vertrauen schaffen. Aber alles zu seiner Zeit.

Achten Sie darauf, dass die Streicheleinheiten von Ihnen eingeleitet und auch von Ihnen beendet werden. Vielen Pferden wurde allerdings einfach nicht beigebracht, wann Berührungen erlaubt und erwünscht sind und wann nicht.
Zum Beispiel: Nach dem Reiten möchte sich das Pferd gerne schubbern oder die Trense loswerden. Klar, es hat geschwitzt und will das Ding so schnell wie möglich runter bekommen – und Sie werden zum Kratzbaum degradiert. Hat Ihr Pferd nun nicht gelernt, dass Sie es sind, die eine Berührung erlauben oder nicht erlauben, kann es durchaus unangenehm werden.
Bringen Sie Ihrem Pferd also bei: Sie sind es, der Berührungen erlaubt oder verbietet. Das ist die Sprache, die Ihr Pferd versteht. Ein rangniedriges Tier würde sich nie im Leben erlauben, sich ohne Anfrage an einem

Natürlich ist Kuscheln erlaubt, jedoch alles zu seiner Zeit.

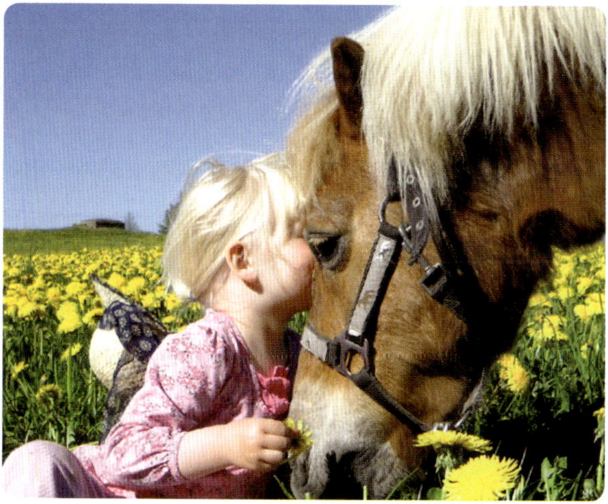

ranghöheren Tier zu reiben. Das Fohlen hat bisweilen bei der Mutterstute noch eine gewisse Narrenfreiheit. Aber auch die Stute wird ihm später unmissverständlich klarmachen, wenn »Schluss mit lustig« ist.

Was zuhause nicht gelernt wird, kann auswärts nicht abgerufen werden

Denken Sie an diesen Leitspruch. Üben Sie zuhause, wo sich Ihr Pferd sicher fühlt. Egal, ob Basisübungen wie das Führen, das Verladen in einen Hänger oder das Halten am Punkt. Was zuhause nicht klappt, wird auswärts erst recht nicht funktionieren. In der heimischen Umgebung werden Erziehungsgrundlagen von Ihrem Pferd am besten erlernt. Ist Ihr Pferd in einer fremden Umgebung unsicher, ist es um einiges schwieriger, ihm etwas beizubringen. Was Sie bei Ihrem Pferd auswärts, egal ob Gelände oder Turnier, abrufen möchten, muss daheim funktionieren und es muss gefestigt sein.
Haben Sie Probleme damit, Ihr Pferd auf dem Weg zur Halle anzuhalten und es stillstehen zu lassen? Erwarten Sie dann ernsthaft von ihm, dass es an einer stark befahrenen Straße die nötige Einsicht für diese Disziplin hat, stillsteht und brav wartet, bis kein Auto mehr kommt? Das könnte sehr gefährlich werden. Sie müssen den Hof noch nicht mal verlassen.
Steht Ihr Pferd in der Stallgasse nicht still, ist es beunruhigt und ängstlich, wird es Ihrem Pferd in der Halle auch nicht leichter fallen, sich zu entspannen.
Ihre Aufgabe ist es, dem Pferd die nötige Grunderziehung angedeihen zu lassen und somit den Grundstein für eine vertrauensvolle Beziehung zu legen. Das beginnt mit unspektakulären Kleinigkeiten.

Sie sollten entscheiden, nicht Ihr Pferd!

Kinder haben eine Art Urvertrauen in ihre Eltern. Auch bei Pferden kann man den Herdentrieb gut beobachten. Soll Ihr Pferd etwa lernen, das erste Mal einen kleinen Sprung mit seinem Reiter zu meistern, kann es helfen, ein erfahrenes Führpferd vorausspringen zu lassen. Der Trieb,

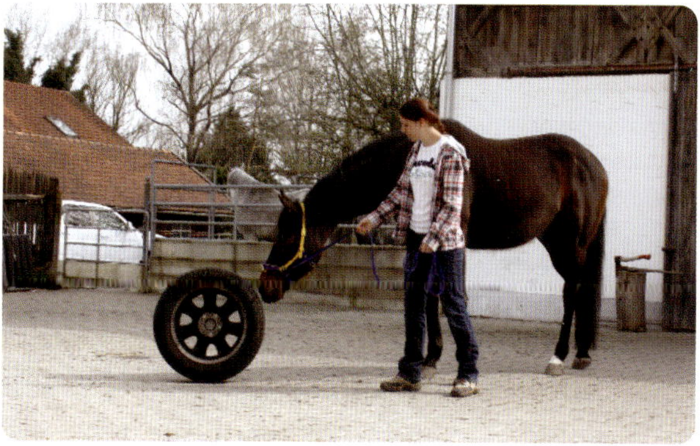

Überlassen Sie die Entscheidung, ob etwas gefährlich ist oder nicht, nicht Ihrem Pferd.

dem Vorderpferd zu folgen, ist da und kann von uns genutzt werden.
Die Beziehung zwischen Pferd und Mensch ist etwas komplizierter. Einem Menschen zu vertrauen, muss ein Pferd erst lernen, und der Mensch muss sich dieses Vertrauen erst verdienen, indem er seine Führungsqualitäten unter Beweis stellt.

Ihr junger Wallach ist unerfahren, und auf dem Weg zur Halle liegt ein Autoreifen. Also etwas ganz Neues für ihn. Sie möchten Ihr Pferd daran

vorbeiführen, Ihr Pferd hält den Reifen allerdings für gefährlich und schnaubt aufgeregt.
Sie möchte Ihren Wallach nun davon überzeugen, dass das Ding keine Pferde frisst. Sie führen ihn hin und lassen ihn dieses Teil beschnuppern. Er stuft es als ungefährlich ein und Sie gehen weiter.
Wenn Sie als Mensch dabei aber nicht völlig souverän handeln und dem Pferd vermitteln: Du bist sicher bei mir und ich weiß, dass das Ding ungefährlich ist, lernt das Pferd unter Umständen etwas Falsches. Nämlich: Mein Mensch ist unsicher und ich soll entscheiden, ob ich das gefährlich finde.
Ihr Wallach weiß jetzt, dass er entscheiden soll und beim nächsten Angstobjekt fragt er Sie nicht mehr. Er entscheidet, dass Sie unfähig sind, seine Sicherheit zu gewährleisten, und beschließt, vor dem »gefährlichen« Traktor zu flüchten.
Ihr Part ist es, Ihrem Pferd zu zeigen, dass Sie sehr wohl wissen, was Sie tun, und Ihrem Pferd klarzumachen, dass Reifen keine Pferde fressen. Selbst wenn Sie Angst haben – nicht vor dem Reifen, sondern vor der Reaktion Ihres Pferdes: Laufen Sie vorwärts! Eventuell noch zwischen Gefahr und Pferd. Ihr Pferd wird lernen, dass alles nicht so gefährlich sein kann, wenn Sie diesem Ding oder auch der Reaktion Ihres Pferdes keine Beachtung schenken. Vor allem aber haben **Sie** diese Entscheidung getroffen. Überlassen Sie die Entscheidung, ob etwas in Ordnung ist oder nicht, Ihrem Pferd, wird es Ihnen in einer Stresssituation nicht vertrauen. Gerade dann kommt es jedoch darauf an, dass das Pferd Ihre Entscheidung nicht in Frage stellt. Entscheiden **Sie**, was gefährlich ist und was nicht – und Ihr Pferd wird Ihnen auch in schwierigeren Situationen vertrauen.